OBSERVATIONS

SUR UNE BROCHURE ANONYME INTITULÉE

LA RÉFORME JUDICIAIRE

EN ÉGYPTE

OBSERVATIONS

SUR UNE BROCHURE ANONYME INTITULÉE

LA RÉFORME JUDICIAIRE

EN ÉGYPTE

ET DISTRIBUÉE

AUX MEMBRES DE L'ASSEMBLÉE NATIONALE

PARIS

IMPRIMERIE TYPOGRAPHIQUE DE A. POUGIN

13, QUAI VOLTAIRE, 13,

—

1875

OBSERVATIONS

SUR UNE BROCHURE ANONYME INTITULÉE

LA RÉFORME JUDICIAIRE

EN ÉGYPTE

ET DISTRIBUÉE

AUX MEMBRES DE L'ASSEMBLÉE NATIONALE

L'auteur de cette brochure commence par établir que le Musulman se refuse à toute alliance avec l'Européen, avec le chrétien surtout, et il signale ce passage du Koran : « O croyants! ne formez de liaisons qu'entre vous, les infidèles ne manqueraient pas de vous corrompre » (page 12). Il cite des dispositions législatives musulmanes modernes, et notamment un article 2 d'un livre VIII (du Juge) ainsi conçu : « Sont incapables de remplir les fonctions de juges, les personnes mineures... *les infidèles*, etc. (page 40).

Le projet de réforme aura précisément pour conséquence *immédiate* de faire solennellement renoncer les musulmans d'Égypte à leur exclusivisme, puisque les juges musulmans doivent siéger à côté des juges chrétiens. La réforme projetée est, on le voit, une œuvre de progrès ; peut-être mériterait-elle d'être approuvée pour cette seule raison.

Mais l'auteur, après s'être élevé contre les prétentions d'exclusivisme oriental, prêche l'exclusivisme européen. La justice, dit-il, s'exerce en Égypte au nom des capitulations françaises ; c'est en même temps pour la France une gloire et une garantie ; il serait téméraire de toucher à ces priviléges. L'Empereur Napoléon III n'a-t-il pas prononcé ces paroles (page 45) : « Tant que je vivrai, on ne touchera, ni directement ni indirectement, aux capitulations, qui sont une des conquêtes morales, une des gloires les plus pures de la France et que je voudrais avoir signées. »

Le projet de réforme n'a aucun rapport avec les capitulations françaises.

C'est pour justifier leur argumentation que les adversaires du projet ont fait de ce progrès la destruction de ces capitulations.

Voici l'article principal des capitulations qui a été constamment répété dans tous les traités postérieurs à 1535 : « Toutes fois que le Roi mandera à Constanti-« nople ou à Péra, ou autres lieux de cet empire un Baïle, « comme de présent il tient un consul à Alexandrie, que « lesdits Baïle et Consul soient acceptés et entretenus « en autorité et convenance ; de manière que chacun d'eux « en son lieu et selon leur foi et loi, sans qu'aucun juge,

« cadi, sous-bachi ou autres puissent ouïr, juger ou
« déterminer, tant en civil qu'en criminel, toutes les
« causes, procès ou différends *qui naîtront entre mar-*
« *chands et autres sujets du Roi* SEULEMENT. »

Les capitulations protégeaient les nationaux dans
toutes les « *causes, procès, différends*, » qui *pouvaient*
« *naître entre eux* SEULEMENT ». Jamais les capitulations
n'ont prévu, et elles ne pouvaient prévoir les « différends » à naître entre « Européens et indigènes, » ni
« entre Européens de nationalités différentes. » Or, la
réforme projetée laissant absolument intacte la connais-
sance, par les consuls, des différends naissant entre leurs
nationaux, les capitulations demeurent évidemment
intactes.

L'auteur de la brochure, d'ailleurs, reconnaît cela, et il
écrit (page 16) au chapitre important intitulé : Le droit
de juridiction consulaire en Égypte *d'après les textes :*
« Il est à peine besoin de dire que les garanties obtenues
ensemble ou *séparément* par telle ou telle puissance
chrétienne deviennent *ipso facto* le patrimoine commun
de toutes les autres, en vertu du traitement de la nation
la plus favorisée, assurée à chacune d'elles. »

Et l'auteur énumère les capitulations « de 1718 à
1784 » conclues *avec* « *l'empire d'Autriche* », « le traité »
d'Andrinople signé le 2-14 septembre 1829 « *entre la
Porte et la Russie* », etc.

Voilà la vérité : Il est vrai qu'aux *capitulations fran-*

çaises d'autres capitulations, des traités, des conventions sont venus successivement accorder aux puissances (et à la France par conséquent, par traitement égal) des priviléges spéciaux nouveaux et que l'usage même a laissé s'établir certaines immunités.

Mais si l'Autriche et si la Russie renoncent à leurs capitulations spéciales, à leurs traités, que deviennent les priviléges dont la France ne jouit actuellement qu'en vertu du traitement égal à la nation la plus favorisée?

Telle est cependant la situation : les puissances étrangères adhérant à la réforme projetée, leurs capitulations et leurs traités antérieurs à ce sujet cessent d'exister; la France, demeurant isolée avec son seul droit ancien, reste avec ses propres capitulations, lesquelles n'ont prévu et réglé que les « différends des Français entre eux. »

Il est vrai qu'au moment où l'auteur distribuait sa brochure, il prévoyait un refus de la part des gouvernements grec et italien. Et il écrivait (page 55). « On nous affirme « de la meilleure source que les Chambres helléniques « laisseront se prononcer la Chambre française. » « En « Italie, la Commission parlementaire chargée d'examiner « le projet, a élu comme rapporteur l'un des juristes les « plus éminents de la péninsule, l'honorable M. Mancini. « C'est assez dire que la question sera examinée à fond, « cela suffit pour nous rassurer complétement. »

Depuis lors, la question a été examinée à fond par les

Chambres helléniques et italiennes et ces chambres ont accueilli le projet.

Il faut rendre cette justice à l'auteur de la brochure, qu'après avoir protesté contre la réforme, il a abordé franchement l'examen de la situation judiciaire actuelle et qu'il a proposé une solution. « Les reproches, dit-il, que « l'on fait au *modus vivendi* basé sur la maxime *actor se-* « *quitur forum rei* procèdent de deux ordres d'idées... « Examinons d'abord les *vices* signalés dans la *procédure* « internationale au Levant... On constate qu'elle ne per- « met pas, etc. »

L'auteur énumère ici quelques-uns des vices nombreux qui, dit-il, « sont particulièrement fâcheux pour les Français. »

Avant d'examiner la solution proposée, voyons par quel moyen l'auteur préparerait la réforme qu'il désire : « Il suffirait, dit-il, de déclarer, par une *entente facile* « *entre les consuls*, etc. »

Il n'est pas nécessaire d'aller plus loin : cette *entente facile* est, en effet, une « absolue *impossibilité* », puisque les puissances que ces consuls représentent ont adhéré à la réforme judiciaire projetée.

Si l'Assemblée nationale refuse au Gouvernement français d'entrer dans le concert des puissances acceptant l'*essai* de la juridiction nouvelle en Égypte, les Français resteraient *seuls*, l'auteur le reconnaît, dans le système actuel, avec sa « procédure vicieuse... » , état « particulièrement fâcheux pour les Français. » (page 60.)

Il ne faut souligner qu'en passant (et simplement pour ne rien omettre) certaines allégations qu'il suffira de reproduire, en les isolant, pour les faire apprécier :

1° Le vice-roi, qui est en même temps souverain de l'Égypte, et *le plus grand commerçant de son pays*, deviendra le maître de la justice, dit l'auteur. Mais plus loin (page 31), l'auteur écrit :

« L'article 10 met pour l'avenir les daïras du Khédive et des princes au même niveau que le dernier des fellahs, au point de vue de la juridiction. » Voilà une réforme qui, à elle seule, pour qui connaît l'Égypte, serait une suffisante recommandation en faveur du projet.

2° Pour instrumenter, l'auteur demande quelle heure sera admise : l'heure turque ou l'heure européenne ? Nous demandons à l'auteur si les justiciables des tribunaux russes à Odessa sont bien gênés par la différence du calendrier.

3° Les juges seront achetés, etc.

Page 60, l'auteur écrit : « Il y a parfois des consuls qui, assaillis par des tentations incessantes, considérées en ce pays comme le plus sûr instrument de règne, succombent à cette obsession perverse. » Plus loin : « On cite des cas notoires ; mais lorsque ces fâcheuses circonstances se produisent, le mal n'est pas irréparable. » Voyons le remède : « En réalité, *la seule garantie des résidents est tout entière dans la possibilité de faire rappeler un juge prévaricateur.* »

Nous nous contenterons de faire remarquer que l'achat d'un consul-juge est une opération unique. Voit-on le Khédive obligé d'acheter la conscience de tous les juges du tribunal de première instance et ensuite de tous les juges de la cour d'appel? Et puis, le projet ne donne-t-il pas aux consuls eux-mêmes le droit de mettre en accusation tel juge qu'ils supposeraient corrompu?

Après avoir combattu la réforme au point de vue des principes, l'auteur affirme que le projet est repoussé par la colonie européenne intéressée, et, la supposant faite, il essaye d'en prévoir les conséquences.

Cette double conclusion a le malheur de reposer sur deux faits inexacts :

L'auteur confond, dans la colonie européenne, ceux qui ont intérêt au maintien de l'état actuel des choses et les négociants sérieux constamment en face de dix-sept juridictions différentes, de dix-sept consuls divers. Mais que l'on étudie le nom de chacun de ceux qui ont pétitionné *pour* ou *contre* le projet de réforme ; et l'on verra de quel côté se trouvent les principaux banquiers, commerçants, etc., et surtout que l'on additionne, sur chaque liste, le total des capitaux français engagés.

Du côté des partisans de la réforme, se trouve un intéressé qui a quelque valeur ; un Français qui représente

400 millions de capitaux français, M. Ferdinand de Lesseps.

L'auteur qui sait, ou qui doit savoir l'opinion de M. de Lesseps, ne trouve qu'un moyen de l'écarter, c'est de dénaturer la situation de la Compagnie de Suez. Il écrit : « La force des choses a voulu qu'il fût impossible de soumettre en fait la Compagnie de Suez à la juridiction indigène. *En dépit des firmans*, on la voit toujours ester en justice devant le tribunal consulaire de France, comme défenderesse, et cela avec l'assentiment de l'autorité locale et celui de l'autorité centrale... Mais, si la réforme était accomplie, et qu'à la place d'une magistrature *notoirement incapable*, l'administration locale pût présenter aux regards une cour offrant les apparences extérieures de la justice, à peu près comme en Europe, la Compagnie du Canal de Suez serait la première victime de ce trompe-l'œil. »

L'auteur n'oublie ou n'ignore qu'une chose, c'est que le *modus vivendi* actuel n'est que provisoire; qu'il résulte surtout de l'absence de tribunaux locaux; c'est que la Compagnie du Canal de Suez serait soumise à ces tribunaux locaux, s'ils existaient, et qu'il suffit de la volonté du Khédive pour les créer; que M. Ferdinand de Lesseps a résisté énergiquement et pendant longtemps à cette nécessité, et que le Gouvernement français lui-même a tranché le débat en affirmant l'obligation pour la Compagnie de Suez de comparaître devant les tribunaux locaux, dès que ces tribunaux fonctionneront.

Le Khédive, qui préparait la réforme projetée, qui sait que la Compagnie de Suez sera justiciable des tribunaux nouveaux, n'a pas créé de tribunaux locaux.

Si la réforme n'aboutit pas, ou si elle aboutit sans le concours de la France, qu'arrivera-t-il?

Dans le premier cas, le Khédive créera des tribunaux locaux et la Compagnie du Canal de Suez sera obligée de comparaître devant des juges exclusivement musulmans.

Dans le second cas (et c'est une certitude), la Compagnie de Suez comparaîtra devant les tribunaux nouveaux institués malgré l'abstention de la France, mais sans y être entendue par un seul juge français.

Paris, juin 1875.

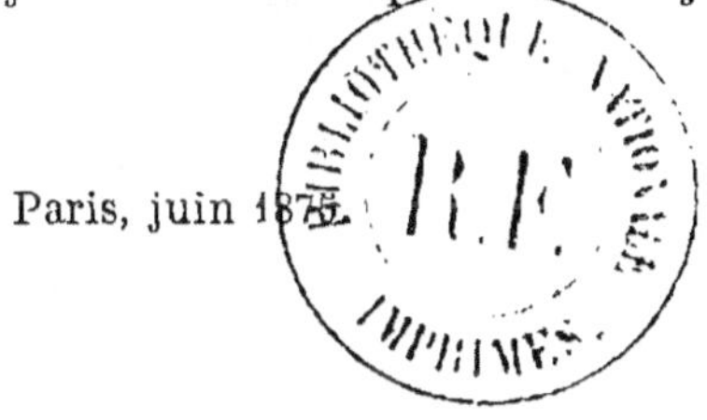

PARIS. — TYPOGRAPHIE A. POUGIN, 13, QUAI VOLTAIRE. — 2960

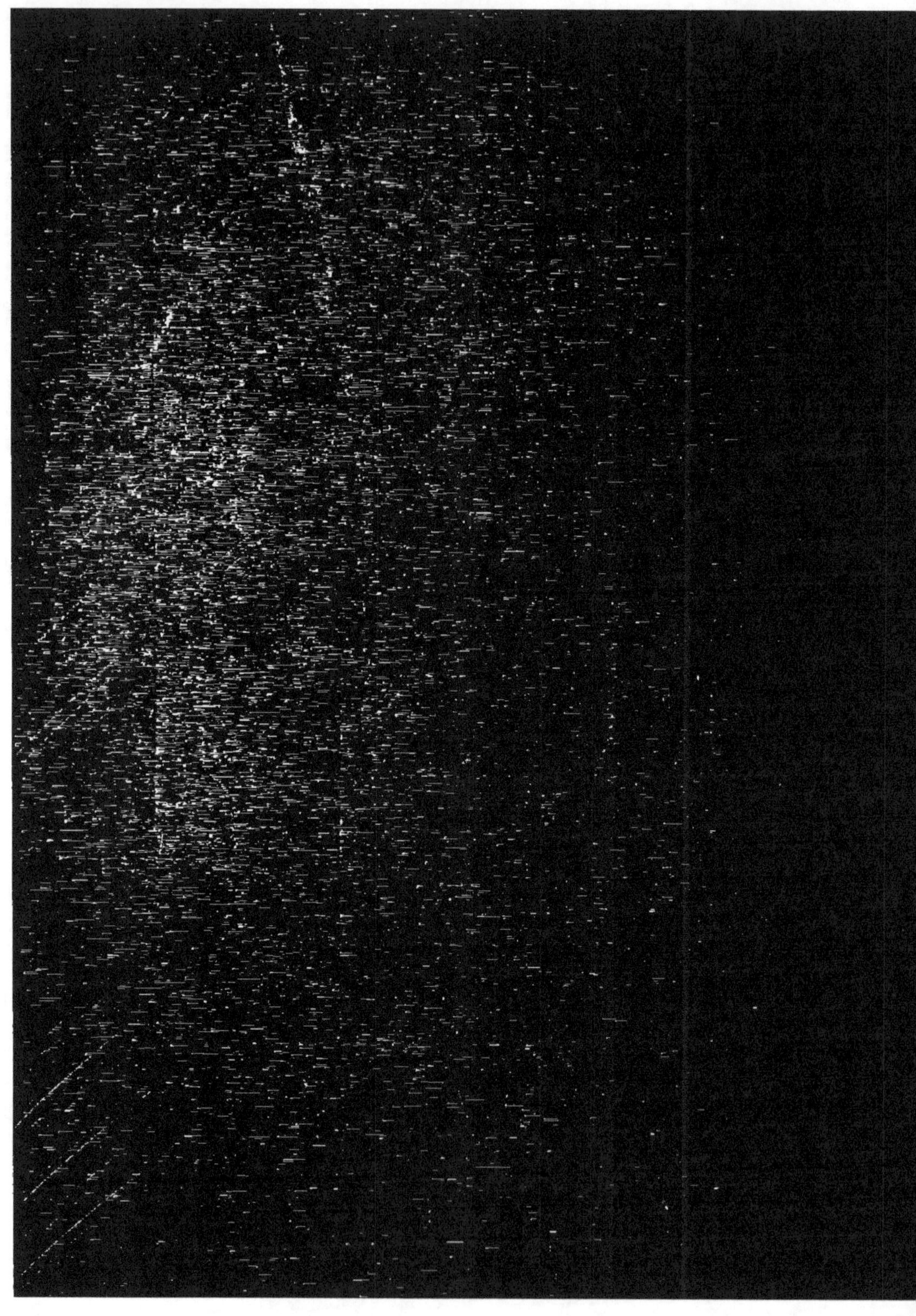